AF258019

L'ÉMIGRATION

JUGÉE PAR MESSIEURS

DE VAUBLANC

ET

DE PASTORET.

Voilà l'homme en effet : il va du blanc au noir,
Condamne le matin ses sentiments du soir ;
Il tourne au moindre vent.....

BOILEAU.

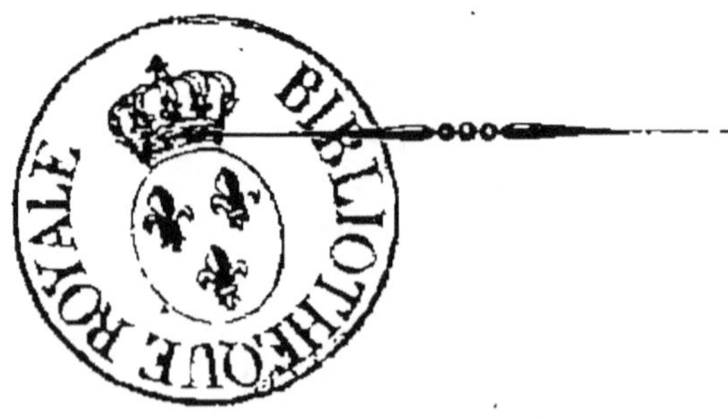

A PARIS,

CHEZ L'HUILLIER, ÉDITEUR,

RUE DAUPHINE, n° 36.

1825.

L'ÉMIGRATION

JUGÉE PAR MESSIEURS

DE VAUBLANC ET DE PASTORET.

La discussion du projet de loi d'indemnités va nous offrir un grand exemple de cette mobilité d'opinions et de ces contradictions, malheureusement trop communes dans la vie politique de nos hommes d'état d'aujourd'hui.

M. le comte de Vaublanc, le même qui vient d'être chargé de soutenir, en qualité de commissaire du roi, la discussion du projet de loi relatif aux indemnités à accorder aux émigrés, fut chargé, en 1791, par l'assemblée législative, de porter à sa majesté Louis XVI la déclaration dans laquelle cette assemblée témoignait au roi *sa sollicitude sur les dangers qui menaçaient la patrie par la combinaison perfide des Français armés et attroupés au dehors du royaume, et de ceux qui tramaient des complots au dedans.*

Lorsque ce décret eut été rendu à l'unanimité

et au bruit des applaudissements , M. de Vaublanc présenta (voir *le Moniteur* du 1er décembre 1791) un projet de message, en proposant de l'annexer au projet de loi.

Cette adresse fut accueillie par de nombreuses acclamations, dit *le Moniteur;* l'assemblée unanime en adopta la rédaction, et ordonna qu'elle serait, dans le jour, portée à sa majesté.

M. Gossuin demanda (nous copions toujours *le Moniteur*) que *M. Vaublanc, rédacteur du discours au roi,* fût de la députation et portât la parole au nom de l'assemblée ; proposition qui fut vivement applaudie et unanimement adoptée.

Voici cette adresse , telle que la rapporte *le Moniteur* du 2 décembre 1791, telle qu'elle a été lue par M. le comte de Vaublanc à sa majesté Louis XVI :

SIRE,

« A peine l'assemblée nationale a-t-elle porté ses regards sur la situation du royaume, qu'elle s'est aperçue que les troubles qui l'agitent encore ont leur source dans les préparatifs criminels des Français émigrés.

Leur audace est soutenue par des princes allemands qui méconnaissent les traités signés entre eux et la France, et qui affectent d'oublier qu'ils doivent à cet empire le traité de Westphalie, qui garantit leurs droits et leur sûreté.

» Ces préparatifs hostiles, ces menaces d'invasion commandent des armements qui absorbent des sommes immenses que la nation aurait versées avec joie dans les mains de ses créanciers.

» C'est à vous, sire, de les faire cesser : c'est à vous de tenir aux puissances étrangères le langage qui convient au roi des Français. Dites-leur que partout où l'on souffre des préparatifs contre la France, la France ne peut voir que des ennemis ; que nous garderons religieusement le serment de ne faire aucune conquête ; que nous leur offrons le bon voisinage, l'amitié inviolable d'un peuple libre et puissant ; que nous respecterons leurs lois, leurs usages, leurs constitutions ; mais que nous voulons que la nôtre soit respectée. Dites-leur enfin que si des princes d'Allemagne continuent de favoriser des préparatifs dirigés contre les Français, nous porterons chez eux, non pas le fer et la flamme, mais la liberté. C'est à eux à calculer quelles peuvent être les suites du réveil des nations.

» Depuis deux ans que les Français patriotes sont persécutés près des frontières, et que les rebelles y trouvent des secours, quel ambassadeur a parlé comme il le devait en votre nom?... Aucun.

» Si les Français, chassés de leur patrie par la révocation de l'édit de Nantes, s'étaient rassemblés en armes sur les frontières, s'ils avaient été protégés par des princes d'Allemagne : sire, nous vous le demandons, quelle eût été la conduite de Louis XIV? Eût-il souffert ces rassemblements ? Eût-il souffert les secours donnés par des princes qui, sous le nom d'alliés, se conduisent en ennemis ? Ce qu'il eût fait pour son autorité, que votre majesté le fasse pour le salut de l'empire, pour le maintien de la constitution.

» Sire, votre intérêt, votre dignité, la grandeur de la nation outragée, tout vous prescrit un langage différent de celui de la diplomatie. La nation attend de vous des déclarations énergiques auprès des cercles du Haut et du Bas-Rhin, des électeurs de Trèves, Mayence, et de l'évêque de Spire.

» Qu'elles soient telles que les hordes des émigrés soient à l'instant dissipées. Prescrivez un terme prochain au-delà duquel nulle réponse dilatoire ne sera reçue; que votre déclaration soit appuyée par les mouvements des forces qui vous sont confiées, et que la nation sache quels sont ses amis et ses ennemis. Nous reconnaîtrons à cette éclatante démarche le défenseur de la constitution.

» Vous assurerez ainsi la tranquillité de l'empire,

inséparable de la vôtre; et vous hâterez ces jours de la prospérité nationale où la paix fera renaître l'ordre et le règne des lois, où votre bonheur se confondra dans celui de tous les Français. »

On sait en quels termes M. de Vaublanc rendit compte à l'assemblée de l'accueil fait par sa majesté à la députation; mais nous supprimons cette circonstance, parcequ'elle est étrangère à notre but. Si nous rappelons ici le passé, ce n'est pas par système de récrimination, c'est uniquement pour fournir à l'opinion publique de nouveaux motifs de réprobation contre une mesure désastreuse, en mettant d'avance ses défenseurs en opposition avec eux-mêmes.

Quel contraste entre cette adresse au roi de 1791 et celle de 1825! Et cependant *M. le comte de Vaublanc*, rédacteur de la première, a aussi concouru à la rédaction de la seconde; car il était membre de la commission chargée de cette rédaction.

Ce n'est pas tout: on sait que l'assemblée législative avait adopté, le 9 novembre 1791, un décret qui déclarait les émigrés coupables de conjuration, qui ordonnait qu'ils seraient poursuivis comme tels, et punis de mort; que leurs revenus seraient perçus pendant leur vie au profit de la nation; enfin, que les princes français et tous les fonctionnaires publics absents du royaume seraient réputés coupables du même crime, et punis de la même peine.

M. le comte de Vaublanc prit part aussi à la discussion de ce décret de mort contre les émigrés. Dans la séance du 9 novembre 1791 (voir *le Moniteur* de ce même jour) il monta à la tribune pour demander une loi particulière, une loi spéciale et plus rigoureuse contre les princes qui avaient émigré, et voici comment il s'exprimait à cet égard :

« Toute l'assemblée est pénétrée de la difficulté qu'il y aura à prouver que tel ou tel émigré fait partie d'un rassemblement déclaré suspect ; on pense en même temps que la loi atteindra les chefs et forcera ainsi les émigrés à sséparer. Et moi je dis qu'elle ne remplira pas ce but, car il sera facile aux chefs de s'éloigner à quelque distance du rassemblement, et en même temps l'espoir de l'impunité et les difficultés d'exécuter la loi contre les simples émigrés. Ces difficultés que les princes sentiront comme nous, rendront cette loi illusoire. Ou portez une loi particulière contre les princes, ou renoncez à faire des lois contre les simples émigrés ; car j'avoue que je vois avec indulgence les simples émigrés qui sont trompés ou fugitifs par terreur ; mais je ne vois pas sans indignation que les princes nourris si chèrement par la patrie, trament sa ruine dans l'impunité. On a dit que les princes étaient dans la classe ordinaire des citoyens, et qu'une loi pénale, pas plus que les autres lois, ne devait les distinguer. Je vous demande si la constitution n'a pas placé dans le code pénal une loi particulière contre le prince premier appelé à la régence? Je vous demande si l'on peut porter contre les fonctionnaires publics des lois particulières? Oui. Je vous demande si l'on ne pourrait pas faire une loi particulière contre le général qui abandonnerait son poste, et si ce général n'est pas plus coupable que le soldat déserteur? Oui, sans doute, et sous ces trois rapports ne voyez-vous pas qu'il existe une différence entre les princes français et les simples particuliers? Si cette différence n'existe pas, j'ai tort, mais si elle existe, si elle est dans la nature des choses, il faut une loi particulière, une loi telle qu'il soit impossible aux chefs d'échapper; car je soutiens que si vous ne faites pas une loi particulière contre les princes, il faut renoncer à toute loi contre les émigrés.»

Voilà ce que disait alors M. le commissaire du roi, chargé de soutenir aujourd'hui la discussion du projet de loi relatif aux indemnités à accorder aux émigrés.

Mais *M. de Vaublanc* n'est pas le seul que la circonstance actuelle nous présente dans cette étrange position : un autre exemple non moins remarquable s'offre à nous dans la chambre des pairs.

M. le marquis de Pastoret, membre de la commission de 1825, chargée de la rédaction de l'adresse au roi, siégeait aussi en 1791 à l'assemblée législative, et ne fut pas certes étranger à la discussion du décret de mort contre les émigrés. Il prononça, dans la séance du 26 octobre, un discours d'une haute éloquence, un discours plein de feu et d'énergie. Le voici tel qu'il est rapporté dans *le Moniteur* du 27 octobre 1791 :

« Plusieurs opinions ont été proposées. Les uns regardent une loi sur les émigrants comme inconciliable avec les principes de la constitution et de la déclaration des droits de l'homme ; les autres croient trouver les principes qui l'autorisent dans la constitution même, et dans l'évangile politique dont elle est le développement. Les uns affirment que les circonstances dans lesquelles nous nous trouvons, exigent impérieusement une pareille loi ; les autres se plaignent de ce qu'on veut courber la loi devant les circonstances ; les uns invoquent le salut du peuple ; les autres leur répondent que le salut du peuple est d'être juste ; parmi ceux mêmes qui désirent une loi, les uns la veulent indulgente, les autres la veulent sévère ; les uns la font porter sur tous les émigrants, les autres s'arrêtent à leurs chefs.

» Au milieu de tant d'opinions, quelle est donc celle qu'il faut adopter? Je vais essayer de le découvrir. Je suivrai la division qui a été proposée par le plus grand nombre des orateurs. Une loi sur les émigrants est-elle ou non contraire aux principes de la constitution? Les circonstances dans lesquelles nous nous trouvons, exigent-elles qu'on prenne des mesures contre eux? S'il faut en prendre, quelles seront-elles?

» D'abord, je ne puis vous dissimuler ma surprise de voir qu'on ait pu élever des doutes sur la première question. La déclaration des droits de l'homme, la constitution plus précise encore prescrivent évidemment une pareille loi. Examinons la conduite de nos prédécesseurs. Une loi est demandée sur la résidence de la famille royale : bientôt on l'étend à tous les fonctionnaires publics. Le comité de constitution vient proposer une loi, elle est repoussée, elle était digne de l'être; mais au même instant on charge les comités d'en proposer une nouvelle; les comités la proposent. Je ne prétends point approuver ni improuver ces mesures; mais enfin l'assemblée nationale constituante pensa elle-même que ces mesures devaient être adoptées; et elle l'a fait; et à son opinion particulière paraît se joindre encore l'opinion des hommes qui ont été tous nos maîtres et nos modèles, des plus grands philosophes que la France ait produits. Je vous rappellerai le mot de Montesquieu : *Il est des cas où il faut jeter un voile sur la liberté, comme on cache les statues des dieux;* et le mot plus profond encore et plus précis de Jean-Jacques : *Quoique la liberté d'aller et de venir ne puisse être contestée à tous les citoyens, cependant quand il y a des alarmes dans la patrie, quand il est nécessaire de la défendre, de la garantir des invasions ennemies, alors s'éloigner d'elle ne peut plus être considéré comme une retraite; mais c'est une véritable désertion.*

» A présent j'entre dans la discussion de la seconde partie de la question; et d'abord j'établis que les émigrations sont permises dans les temps ordinaires. La maxime est si évidente que ce n'est pas la peine de perdre un temps précieux pour l'établir: mais est-ce bien sérieusement qu'on veut confondre les émigrés avec le voyageur paisible qui va contempler en Italie les prodiges des arts, ou juger en Angleterre les effets heureux de la liberté? Est-ce bien sérieusement que l'on veut confondre les hommes qui vont dans une ville obscure de l'Allemagne, allier leur haine et méditer ce qu'ils appellent leurs vengeances, avec ce négociant laborieux, qui va, par ses relations et son industrie, acquérir des richesses qu'il nous apportera ensuite comme un tribut?

» Si la maxime générale sur les émigrations est certaine, il n'est pas moins certain que les remèdes extrêmes sont permis quand les maux sont extrêmes. A Rome on créait quelquefois un dictateur; en Angleterre il est des moments où l'on suspend la loi, connue sous le nom de *habeas corpus*. En France même on a créé la loi martiale. Voyons donc si nous sommes dans une situation politique, qui permette et qui ordonne une exception à la faculté libre de sortir de l'empire. Je me demande quel est le nombre des émigrants, quels sont leurs motifs, quelle est l'époque de leur émigration, quel en est l'objet, quels en seront les effets? Quel est le nombre des émigrants? Ce nombre est considérable; il s'accroît tous les jours davantage, et doit fixer l'attention des législateurs de la France; car enfin, ils ne peuvent être indifférents sur les motifs de la désertion de leur patrie.

» Les motifs de l'émigration sont différents ; tous les orateurs sont d'accord sur ce point : ils ne doivent pas par conséquent être confondus. Les uns sont des hommes faibles, qui ne fuient que parce-qu'ils sont effrayés ; les autres, des hommes mécontents, qui regrettent les avantages de l'ancien régime, et qui ne peuvent encore s'acclimater à une

constitution qui a eu la perfidie d'exclure du premier rang l'intrigue et l'opulence, pour y placer
deux divinités, long-temps obscures, le talent et la
vertu. (On applaudit.) Les autres sont des hommes
tourmentés par la rage, agités de desseins pervers,
prêts à se sacrifier à leur vengeance, si la vengeance
pouvait exister pour eux. Ceux-là sont véritable-
ment coupables; les deux premières classes méritent
votre pitié; elles doivent se reprocher cependant
d'être devenues en quelque sorte leurs complices et
leurs appuis.

» Quelles ont été les époques principale des émigrations? Une loi venait d'ordonner à tous les citoyens de prendre les armes pour la défense de la
patrie; plusieurs ont choisi ce moment pour l'aban-
donner. Ceux qui n'ont pas rougi d'une pareille conduite, sont des lâches, s'ils ne sont pas des traîtres·
L'émigration s'est ensuite renouvelée au moment où
la constitution venait d'être terminée; et ici observez
l'illusion de nos prédécesseurs. On disait sans cesse
dans l'assemblée constituante, quand elle discutait
la loi sur les émigrants : Il faut que des troubles né-
cessaires accompagnent la révolution; mais, quand
elle sera finie, quand la constitution acceptée assure-
ra aux Français un bonheur paisible et durable , ils
reviendront tous dans leurs foyers. Eh bien! loin
d'y revenir, ils ont paru s'en éloigner avec plus

d'ardeur. Quel a donc été l'objet de cette émigration ? Devons-nous nous le dissimuler ? Leurs efforts sont-ils inconnus ? Je le sais, leurs efforts seront impuissants. On n'osera pas nous combattre, ou on l'osera en vain. Le glaive des amis du despotisme s'est toujours émoussé contre le bouclier des amis de la liberté. Nous avons pour modèles les Grecs et les Romains dans l'antiquité, et chez les modernes les Anglais, les Hollandais, les Suisses et les Américains. Des ennemis, comme les nôtres, n'obtiendraient point la victoire contre nous, quand même ils seraient en force.

» Je me demande enfin quels sont les effets de l'émigration. Comme ils ont déjà été développés, je ne m'arrêterai point à en retracer le tableau. Mais dit-on, le contrat social est rempli par le citoyen quand il paie les charges de la société; les émigrants paient les charges; nous n'avons pas le droit d'en exiger davantage. On a présenté ce raisonnement : quant à moi, j'en nie toutes les propositions; je nie que le paiement de l'impôt suffise : il suffit pour être sujet d'un despote; mais le citoyen libre doit encore à la patrie ses lumières, son travail, son industrie; je dirai même, jusqu'à un certain point sa consommation habituelle. J'ajoute que l'impôt n'est pas seulement assis sur les terres; il y a un service personnel qui n'est pas un droit moins sacré. On n'a pas le droit de dire : J'accepte votre protection pour mes biens, mais je soustrais ma personne. Quand le calme sera rétabli, je jouirai du prix de vos bienfaits : aujourd'hui je ne veux partager ni vos fatigues, ni vos travaux.

» Sous quelque point de vue que l'on considère les émigrants, il est donc impossible de les défendre. Par quel sentiment serai-je donc entraîné à ne vous proposer, au lieu de mesures de rigueur, qu'une mesure de tolérance? C'est que je regarde l'indulgence comme le devoir de la force; c'est qu'il est digne de vous de respecter encore la liberté individuelle, envers ceux qui osent menacer la liberté publique; c'est que dans les principes de justice rigoureuse, il ne faut pas punir ceux qui n'ont pas encore consommé le crime; c'est que, malgré tous leurs efforts, aucun danger ne nous environne. La Suède désarmée, l'intérêt de la Prusse lui défend de nous combattre; l'Angleterre, qui eut souvent tant de peine à nous pardonner notre gloire, nous pardonne et aime notre liberté; Léopold songera que son devoir l'attend, et qu'il a devant lui l'Europe et la postérité. Et quand même des troupes mercenaires seraient armées pour nous combattre, que peuvent-elles contre trois millions de citoyens qui défendent leurs propriétés, leurs familles, leurs amis, leur roi, et qui ont juré de vivre libres ou de mourir? Ah ! plutôt, croyez que le moment approche où ce serment auguste sera répété dans l'Europe entière. L'impulsion de la liberté est donnée : elle ne se ralentira pas; la guerre lui donnerait plus de ressort en voulant la comprimer. Quant aux émigrants abandonnés à eux-mêmes, si le ridicule se mêle à la pitié, lorsqu'on les entend appeler coupable de rébellion une nation fière, la pitié redouble lorsqu'on les voit opposer à un grand peuple fort de son courage, de sa justice, de son inébranlable fermeté, des chefs sans argent, des combattants sans armes, des officiers sans soldats.

» Au reste, permettez-moi de vous représenter une vérité qui, selon moi, répond à beaucoup d'objections, et qui ne me paraît pas avoir été aperçue par les différents orateurs. Ce n'est point parceque les émigrants sont dangereux, c'est parceque les émigrations sont nuisibles qu'il faut dans ce moment prendre des mesures contre elles. Par-là nous avons le double avantage de ne pas nous livrer à un mouvement de colère, et de rentrer dans les termes précis de la constitution, qui soumet à de justes peines les actes nuisibles à la société. Je sais que l'on a prétendu que l'émigration est un acte négatif, mais il est facile de prouver qu'emporter le numéraire et avec lui les moyens d'ébranler la chose publique, en se ralliant à des hommes connus pour être les ennemis de la constitution, ne sont pas seulement des actions négatives. Ne croyez pas cependant qu'en écartant l'idée du danger, je veuille vous conduire à un engourdissement funeste. Veiller toujours et ne craindre jamais, doit être la devise d'un peuple libre. Parmi les nombreux avantages, la vigilance a encore celui de dispenser de la crainte : l'indolence vient quelquefois de l'orgueil, et d'un résultat plus ordinaire, celui de la servitude. En un mot, soyons prêts à combattre, mais soyons prêts aussi à pardonner.

» Il est des hommes que ce pardon ne doit pas atteindre ; votre clémence envers eux serait coupable. Chargés de vous défendre contre les invasions ennemies, l'ayant promis de nouveau par un serment solennel, ils ont abandonné leurs drapeaux, ils sont indignes d'être comptés au nombre des Français. Quant aux princes, leur devoir est tracé par la constitution. Ils doivent être sommés de rentrer en France dans un délai très court ; et s'ils n'obéissent pas à cette sommation, l'assemblée nationale déterminera les mesures convenables à la dignité du peuple qu'elle représente. Vis-à-vis de tous les autres émigrés vous devez vous borner aussi à les requérir de rentrer dans un court délai, ou à faire passer au greffe de leur municipalité le serment prescrit d'être fidèle à la constitution et de la maintenir de tout leur pouvoir. Lorsque votre voix paternelle les aura rappelés, libres de la fausse honte qui les retient, la plupart d'entre eux viendront jouir avec nous de cette liberté qui a tant de charmes. Leur orgueil aurait résisté à une loi sévère; leur intérêt, un motif plus noble peut-être les ramènera, et peut-être encore quand ils auront posé leurs pieds sur la terre qui les a vus naître, ils s'y sentiront soulagés comme les Grecs poursuivis par les remords se sentaient plus tranquilles au moment où ils embrassaient l'autel des dieux.

» Telles sont les mesures que je compte vous proposer; elles auront l'avantage de vous faire distinguer ceux qui, égarés un moment, sont prêts à abjurer leurs erreurs, d'avec ceux qui pourraient méditer encore de criminels projets. Vos lois alors indiqueront plus distinctement la faiblesse, la douleur et le crime ; nous aurons de véritables rebelles à la constitution, nous les connaîtrons et nous pourrons les punir. D'ici à l'expiration du délai, je ne vous proposerai aucune loi prohibitive, si ce n'est pour les armes et les munitions de guerre. L'orateur qui nous a proposé d'exiger des passe-ports a fini lui-même par y renoncer, et j'adopte sa dernière opinion. Le même orateur vous a dit, et j'aime à répéter cette grande vérité: La prospérité, la tranquillité de l'état est la meilleure loi contre les émigrants. Il est temps en effet que la loi reprenne toute sa vigueur et toute son autorité, il est temps que le peuple jouisse paisiblement du bonheur que la constitution lui assure. » (L'orateur lit ensuite un projet de décret, dont l'assemblée ordonne l'impression, ainsi que du discours.)

C'est ainsi que *MM. le comte de Vaublanc* et *le marquis de Pastoret* jugeaient alors l'émigration et les émigrés. Mais à cette époque les émigrés étaient impuissants et fugitifs; aujourd'hui les émigrés sont en crédit et en faveur: autre temps, autre langage.

FIN.

IMPRIMERIE DE LACHEVARDIERE FILS,

SUCCESSEUR DE CELLOT, RUE DU COLOMBIER, N° 30.

www.ingramcontent.com/pod-product-compliance
Lightning Source LLC
Chambersburg PA
CBHW051445060726
47596CB00006B/2625